Bu kitabın sahibi :

....

İçindekiler :

net ÇOCUK Since 1982

Genel Yayın Yönetmeni: Ömer Canbir
Editör: Rıza Oylum
Yazan: Ayça Atçı
Resimleyen: İfakat Gürel
ISBN: 978-605-124-413-6
Yayıncı Sertifikası: 44105
Matbaa: Vizyon Basımevi
Matbaa Sertifikası: 52098

11. Baskı Ocak 2022

Net Çocuk
19 Mayıs Mh. 19 Mayıs Cd. No:13 Kat: 7 Şişli İstanbul
Tel: (0212) 985 09 99

İnternet satışı için
pazarlama@netyayin.com.tr
www.netcocuk.com

Net Çocuk, Net Turistik Yayınlar San. Tic.A.Ş.'nin tescilli markasıdır.

3 Yaş Hikâyeleri

UYKUM NEREDE?

Bazı geceler uyuyamıyorum.

Annem ya da babam gelip masal okuyorlar bana.

Uykum gelecek gibi oluyor ama sonra,

onlar odadan çıkınca...

...kaçıp gidiyor uykum göz kapaklarımdan.

Bazen yatağın altına saklanıyor.

Yatağımın altına eğiliyorum, bakıyorum.

Küçük, yeşil canavarımın burnunun üzerinde oturuyor.

“Şşşt! Sessiz ol! Canavar uyuyor!”

"Buraya gel!" diyorum.

Gülerek kaçıyor pencereden.

Evin yanındaki ağacın dalına konuyor.

Ağaç hemen uykuya dalıyor.

Horrrrr! Horrrrrr!

Yaramaz uykum! Ben peşinden gelmeyeyim diye aya kadar kaçıyor. Aya oturup ayaklarını aşağı sallandırıyor.

Öyle yaptığında ben çok gülüyorum. Bazen de ay uyurken onun burnunu gıdıklıyor.

Ay, hapşırınca uykum aşağı düşüyor.

"Bir daha buraya gelme!"
diye bağırıyor ay
uykumun arkasından.

Bazen annem bana masal anlatırken saçına konuyor.

"Anne, saçında uyku var!"

"Çok mu uykun geldi meleğim? İyi geceler...
diyor annem. Masalı yarım bırakıyor.
Tam beni öpecekken uyuyakalıyor. Zzzzzz!

Uykum da annemin mis kokan, yumuşacık saçlarının arasına iyice yerleşiyor. Gülümseyerek onlara bakıyorum. Yanlarına uzanıyorum.

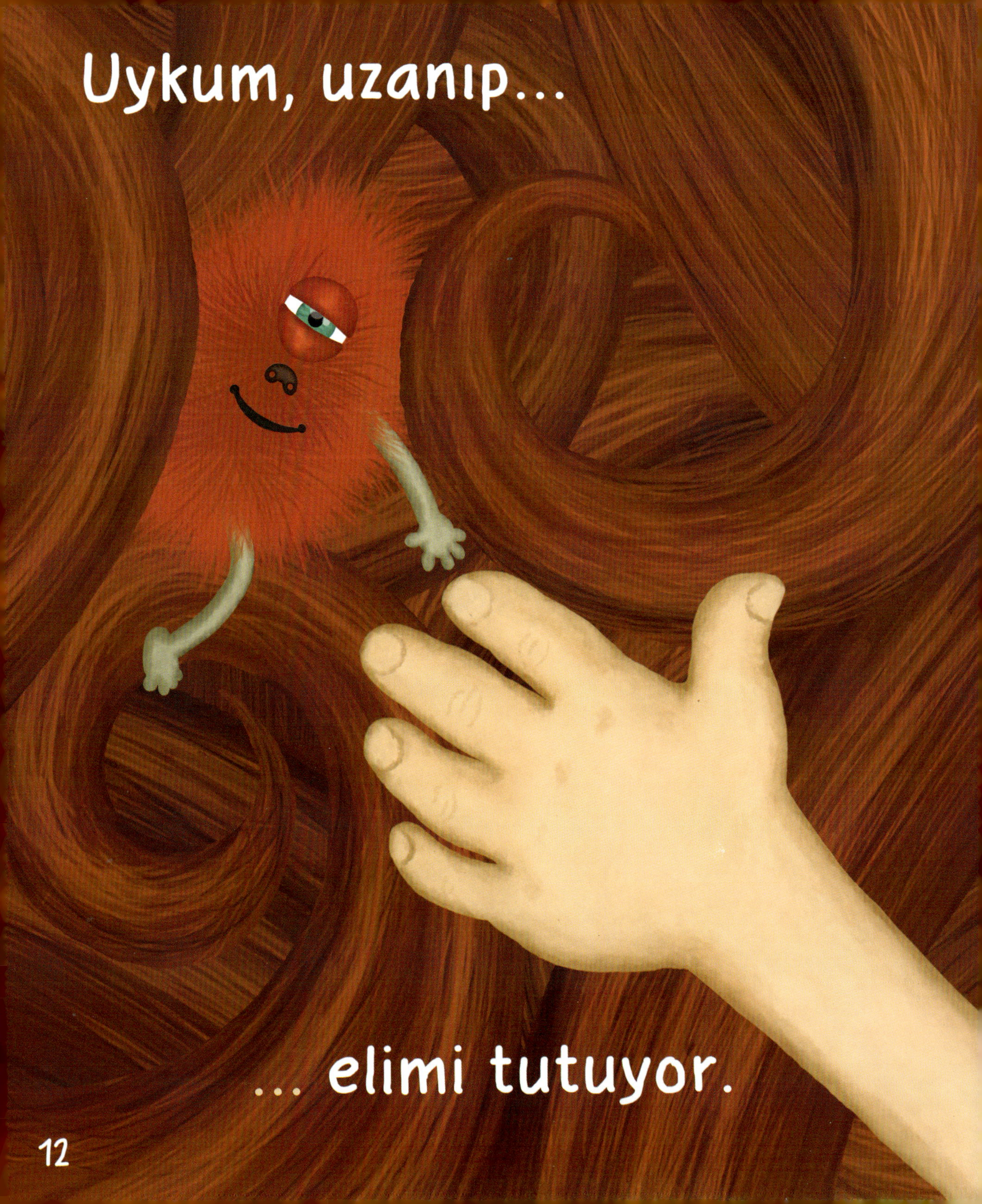

Uykum, uzanıp...

... elimi tutuyor.

PERİLER UÇAR MI?

"Anne, periler uçar mı?"

"Evet kızım, uçar."

"Anne, perilerin kanatları büyük mü?"

"Evet kızım, kocaman kanatları var perilerin."

Ben en çok perileri merak ediyorum. Bir de bazen deniz kızlarını... Masal kitaplarımda hep periler var. Rengarenkler.

Masal kitaplarımdan periler çıksın diye uyurken sayfalarını açık bırakıyorum.

Bazen kitabın kapağını açtıktan sonra kapının arkasına saklanıyorum.

Bazen yatağın altına...

Bazen gardırobun içine...

Ama çıkmıyorlar. Ben parıltılı yıldızlar saçarak kitaptan çıkmalarını bekliyorum. Annem odaya girdi. Kapının arkasındaydım.

"Ne yapıyorsun tatlım orada?"

"Şşşşşttt! Sessiz ol! Perileri bekliyorum."

Annem gülerek başımı okşadı.
"Kitaplardan çıkmazlar periler.
Seni onlara götüreyim mi?"

"Evet!"

Yerimde zıplayarak bağırdım.
Ellerimi çırparak dans ettim.

Ertesi gün annem beni çok uzak bir yere götürdü. Kocaman bir dağ vardı yanımızda. Her yerde rengarenk çiçekler vardı.

Yemyeşil ağaçların arasında düz bir alandı burası. Çok güzeldi, mis gibi kokuyordu.

"Burası periler diyarı mı anne?"
"Evet, birazdan gelirler."

Gökyüzüne başımı kaldırdım.

Gökyüzünde yüzlerce kelebek vardı.
Her çırpınışlarında kanatlarındaki tozlar uçuşuyordu.
Pırıltılı yıldızlar gibi üzerimize yağıyordu.
"Çok güzeller." Annem çimenlere uzandı. Ben de yanına uzandım. Periler var mı bilmiyorum ama kelebekler çok güzel...

Kelebekler burnumuza,

ellerimize kondu.

Çok eğlendik.

Akşam eve

döndüğümüzde,

üzerimizde peri tozları gibi

kelebek tozları vardı.

Işıl ışıl parlıyorduk.

Babama sarıldık.

Onun da her yeri

parladı.

Ertesi gün hep birlikte vapura bindik. Babam bana suda zıplayarak yüzen yunusları gösterdi. "Bak..." "Denizkızı!" diye bağırdım. "Onlar yunus" dedi babam bana gülerek.

Artık perileri de denizkızlarını da merak etmiyorum. Çünkü kelebekleri ve yunusları gördüm.

GÖKKUŞAĞI PARKI

Eğer eğlenmek istiyorsanız Gökkuşağı Oyun Parkı'nı seçin! Haydi, şimdi Gökkuşağı zamanı!

En büyük gökkuşağında kocaman bir oyun parkı var.
Biz, hep arkadaşlarımla oraya gidiyoruz.
Parkın içinde bir sürü küçük gökkuşağı var.
Çok eğleniyoruz.

Zebra en çok kaydırakları seviyor. Gökkuşağından kayarken neşeyle bağırıyor. Minik bir gökkuşağını ters çeviriyorlar. Bir ucuna maymun, bir ucuna tilki oturuyor.

Hoooopppp!

Çok eğlenceli bu!

Panda ve küçük fil salıncakta sallanıyor.

"Heyyyy! Buraya bakın!"

"Uçuyorum! Uçuyorum!"

Salıncağın başında duran papağan da gülerek pandayla küçük fili izliyor. Onların söylediklerini tekrar ediyor.

"Heyy! Buraya bakın! Uçuyorum! Uçuyorum!"

Kanguru ile zürafa gökkuşağında zıplıyorlardı.

Tavşanlarla yarışıyorlardı.

"Tavşanlar daha hızlı!"

"Haydi, acele et! Onları yakalamalıyız!"

Akşam olunca hepimiz yorulmuş oluyoruz.
Gökkuşağından aşağı iniyoruz.

Yataklarımıza girip harika bir uyku çekiyoruz.
Hepimiz rüyamızda Gökkuşağı Parkı'nı görüyoruz.

PAMUK ŞEKERİ

"Pamuk şekeriiii!" Pamuk şekeri satan amca geçiyor. Ben bir kere yemiştim. Pamuk şekeri çok güzel bence!

Ama annem çok yememe izin vermiyor. Dişlerim çürürmüş.

"Edizzz! Haydi, uyku zamanı!" diye seslendi annem. Öğlen bir saat uyumayı seviyorum. Kardeşim Filiz çoktan yatağına yatmış bile...

Annem ikimizi de öpüyor. "İyi uykular" diyor, üzerimizi örterken.

Rüyamda pamuk şekeri satan amcayı görüyorum. Pencerenin altında bizi çağırıyor. "Ediz! Filiz!"

Kardeşimle pencereye koşuyoruz. Dışarıda bir sürü pamuk şekeri var. Ağaçlardan rengarenk bonbonlar sarkıyor. Tıpkı baharda açan çiçekler gibiler.

Uçuşa uçuşa bir çubuğun etrafına dolanan pamuk şekerlerini görünce çok seviniyorum. Kardeşimi de alarak dışarı çıkıyorum.

Burası bizim mahalle değil. Şekerler Diyarı! Yerlerde şekerler var çiçek gibi... Çikolatadan mantarlar var.

Filiz mutlulukla etrafta koşuyor. Her yeri çikolata olmuş. Pamuk şekerinin yapıldığı yere geliyoruz birlikte.

Kocaman, gökyüzüne uzanan bir pamuk şekeri var orada. Dondurmalardan tepeler, horoz şekerlerinden çiçekler var.

Pamuk şekerci amca yanımıza geliyor.
"Çok yemeyin çocuklar, karnınız ağrır.
Bu sizin rüyanız. İstediğiniz zaman
gelebilirsiniz buraya," diyor.

Küçük bir pamuk şekeri koparıyorum. Ağaçtan biraz bonbon topluyorum. Ceplerime dolduruyorum.

Dev pamuk şekerinin altına oturuyoruz Filiz ile. Şekerlerimizi yiyoruz. Gitme vakti geldiğinde pamuk şekerci amca bize el sallıyor.

"Yine gelin çocuklar. Bu sizin rüyanız."

OYUN ZAMANI

Kuzucuk, oyun oynamak için gece olmasını bekliyordu. Aydede ve yıldızlar göründüğü zaman içini bir sevinç kaplıyordu. Çünkü oyuncaklar Ali'nindi. Gece olunca hepsi canlanıyor, çiftliğe iniyordu.

Kuzucuk da o zaman onlarla sabaha kadar oynayabiliyordu. Tahta ata bindiği zaman at canlanıyordu.

Onu çok uzaklara götürüyordu. Kuzucuk atın sırtında dolaşmaya bayılıyordu. Rüzgarda yünleri havalanıyordu.

Oyuncak uçağa binerek dünyayı geziyordu.

Uçağın pervanesi dönmeye başlayınca kuzucuk bağırıyordu. “Heyyyy! Bakın bana! Uçuyorum!”

Tren kullanmak çok eğlenceliydi.
Kuzucuk, makinist olmaya bayılıyordu.

Çuf çuf çuff!

Tarlalardan geçiyor, tünellere giriyordu. Trenin üzerinden çıkan dumandan bazen tüyleri kirleniyordu. Çiftliğe dönünce yıkanıyordu.

En sevdiği oyuncak yarış arabasıydı. Yarış pistine çıkıyor, diğer arabalarla yarışıyordu.

O kadar hızlı gidiyordu ki! Kahkahalarla gülüyor, diğer arabaları geçmeye çalışıyordu.

"En hızlı benim!"

Güneş yavaş yavaş doğmaya başladığında kuzucuk, oyuncaklarıyla birlikte çiftliğe dönüyordu. Herkes mutlu ama yorgun görünüyordu.

Oyuncaklar Ali'nin odasına dönüyordu. Kuzucuk da ahıra, annesinin yanına gidiyordu.

Güneş iyice yükselince bütün hayvanlar uyanıyordu. Biri dışında! Kuzucuk... Bütün gece uyumadığı için yorgunluktan uyanamıyordu bir türlü...

YAŞASIN EN İYİ ARKADAŞIM!

Benim en iyi arkadaşım koca kulaklı bir sıpa. Adı Karakaçan. Onunla oyun oynarken hiç sıkılmıyorum.

"Aiiiii aaaiiiii!"

...diye bağırarak gülüyor.

Bazen oyun oynarken küsüyoruz. Mesela benim oyuncak ayım Bobo'yu o da çok seviyor. Bir gün oyuncağımı bana vermek istemedi.

Ben ellerimle, o dişleriyle Bobo'yu çekiştirmeye başladık.

Zavallı Bobo!

İkiye bölündü.

Neyse ki annem Bobo'yu dikti. Tam ortasından, hem de renkli iplerle... Bobo, artık daha güzel. Karakaçan da Bobo'nun yeni halini çok sevdi.

Karakaçan, üzgünken bana sarılıyor. Acıktığımda havuç getiriyor. Bazen komşunun mutfağından kurabiye alıyor.

Saklambaç oynuyoruz.

İp atlıyoruz.

Uçurtma uçuruyoruz.
Babam bize upuzun kuyruğu
olan bir uçurtma yaptı.

Karakaçan ve ben, bir gün büyüyeceğiz. Ama birbirimizden hiç ayrılmayacağız. Bobo da bizimle olacak.

En iyi arkadaşlar iyi ki var!